Mit YouTube und Pinterest Marketing zum erfolgreichen Unternehmen

von

Jeff Dondero

Es ist nicht zu wenig Zeit, die wir haben,
sondern es ist zu viel Zeit, die wir nicht nutzen.
- Lucius Annaeus Seneca

ISBN-13: 978-1722233372
ISBN-10: 1722233370

Umschlaggestaltung: Germancreative von Fiverr
Übersetzt aus dem Englischen durch: Seraina Cavalli
Im Selbstverlag herausgegeben. Kontaktperson: Seraina Cavalli: swissmissstories@gmail.com
Gedruckt durch Amazon.

Inhalt

Vorwort

Wie es der Titel dieses Buches sagt, werden Sie Informationen zu zwei Themen finden. Der erste Teil des Buches enthält Tipps zu YouTube-Marketing und der zweite Teil ist dem Thema Marketing auf Pinterest gewidmet.
Warum habe ich genau diese zwei Bereiche ausgewählt, wenn es auch Google AdWords, Twitter, Facebook etc. gibt?

Natürlich sollten alle anderen Social Media Namen nicht völlig ignoriert werden, wenn Sie für das komplette Marketing Ihres Unternehmens verantwortlich sind. Wenn Sie jedoch nur in einem Online-Marketing-Bereich brillieren möchten, ist es keine Frage, dass es YouTube oder Pinterest sein sollte.

Warum YouTube? Hast du bemerkt, wo die YouTube App auf deinem Smartphone gespeichert ist? Mit all den anderen Google-Apps. Warum? Weil es zu Google gehört und zurzeit bemüht sich Google sehr, seinen kleinen Bruder, YouTube, genauso groß zu machen wie Google selbst. Ist Ihnen aufgefallen, dass, bei der Suche bei Google die ersten Suchergebnisse immer Videos sind, falls Videos zu diesem

Stichwort vorhanden sind? Erst danach kommen die Webseiten. Sogar wenn es gesponserte Anzeigen sind! Wenn Sie also wissen, wie Sie ein SEO-optimiertes Video erstellen, werden Sie automatisch auf der ersten Seite von Google landen. Wie genau das geht, erfahren Sie im ersten Abschnitt dieses Buches.

Das Lesen der folgenden Kapitel und das Implementieren unserer Tipps werden Ihrem Unternehmen enorme Möglichkeiten bieten, egal ob es sich um einen Blog, eine Webseite oder um einen YouTube-Kanal handelt. Das Ranking auf der ersten Seite mit einem Video bedeutet, dass die Nutzer anstatt auf die bezahlte Anzeige unter dem Video zu klicken, auf Ihr Video klicken, welches gratis dort auftauchte. Das bedeutet viel mehr gratis Traffic für Sie.

Für den Fall, dass Sie doch nicht alles auf eine Karte setzen wollen, gibt es eine weitere Option, die alles andere übertrifft, um organischen Traffic zu erhalten. Pinterest ist der Ort, an dem Menschen sich momentan ablenken und / oder was wichtiger ist: gezielt nach etwas suchen. Auf Pinterest verlieren sich die Menschen nicht einfach, sondern sie finden etwas, was sie mögen und sie folgen dann ihrer Quelle. Lass diese Quelle dein Produkt sein! Es ist so einfach, durch Pinterest mehr Traffic zu generieren und zudem macht es Spaß. Lesen Sie den zweiten Abschnitt des Buches, um genau zu wissen, wie Sie Ihr Geschäftsprofil aufbauen, Rich-Pins hochladen und mehr Follower und Kunden gewinnen können.

Lasst uns also zu den saftigen Inhalten gehen und direkt ins YouTube-Marketing eintauchen.

Großartige YouTube Marketing Geheimnisse, welche du kennen solltest

Fast jeder, der Zugang zum Internet hat, ist sich der Beliebtheit von YouTube als Ort, an dem man sich die verschiedensten Videos anschauen kann, bewusst. Allerdings ist das Anschauen von lustigen und interessanten Videos nicht der einzige Vorteil, der mit dieser Plattform verbunden ist. Überraschenderweise wurde YouTube seit vielen Jahren effektiv als wesentliches Marketinginstrument eingesetzt. Laut dem "State of the Inbound[1]" -Bericht werden ungefähr 48% aller Marketingstrategien innerhalb der nächsten 12 Monate YouTube nutzen.

Dies ist der Fall, weil YouTube über eine stolze Milliarde aktiver Nutzer verfügt, die ein Drittel ihrer Online-Zeit damit verbringen, Videos anzusehen. Die Größe der Plattform lässt sich auch daran erkennen, dass man in mehr als 76 verschiedenen Sprachen auf YouTube zugreifen kann.

Abgesehen von der Anzahl der Zuschauer, die YouTube zur Verfügung stellen kann, kann es dir auch helfen, die Präsenz deiner Marke zu verbreiten und die SEO zu verbessern, da es die

---

[1] http://www.stateofinbound.com/

zweitgrößte Suchmaschine nach Google ist. Auf diese Weise können Sie Ihre Inhalte auf eine unterhaltsame Art präsentieren, auf welche die Zuschauer leicht zugreifen und sie weiterverbreiten können.

Mit so viel Positivem, können Sie annehmen, dass YouTube-Marketing ein ideales Werkzeug für die Förderung Ihrer Marke ist. Daher haben mein Team und ich einen nützlichen Leitfaden für das neue und professionelle Marketing auf YouTube zusammengestellt, damit Sie ihre Marketingstrategie verbessern können.

Einen YouTube Kanal erstellen

YouTube unterscheidet sich von anderen Plattformen für soziale Netzwerke, da es sich speziell auf Videoinhalte konzentriert. Einen Kanal auf YouTube zu erstellen ist keine große Sache, aber um maximalen Nutzen daraus ziehen zu können, müssen Sie viel Zeit investieren. Dies ist also ein Punkt, den Sie beachten müssen. Sie können auf YouTube schnell sehr erfolgreich sein, aber es ist eine zeitraubende Aufgabe, wenn Sie alleine sind und die Videos selbstständig filmen, bearbeiten und für SEO optimieren musst. Das ist so, weil Sie Ihre Inhalte konsequent planen, analysieren, produzieren, bearbeiten und vermarkten müssen. Nur dann können Sie Ihrem Publikum passende und ansprechende Inhalte anbieten. In den folgenden Kapiteln erfahren Sie, wie Sie einen erfolgreichen YouTube-Kanal aufrechterhalten, der bald die Popularität Ihrer Marke steigern wird. YouTube wird Ihnen dabei helfen, mehr Klicks zu ihrem Produkt oder ihrer Webseite zu generieren und den Umsatz zu steigern, weil Sie Ihre Kunden auf die Art und Weise ansprechen, wie diese gern angeworben werden wollen. Falls das alles nach zu viel Arbeit klingt, können Sie den Teil über YouTube überspringen und direkt zu Pinterest gehen, welches etwas passiver ist als YouTube-Marketing, aber genauso effektiv, wenn Sie ihm etwas mehr Zeit geben.

Einen Account erstellen

Da YouTube ein Teil von Google ist, müssen Sie sich bei Google anmelden, um sich in Ihrem YouTube-Konto anzumelden. Um zu beginnen, klicken Sie einfach auf "Konto erstellen" und geben Sie Ihren Namen, E-Mail, Passwort und andere persönliche Informationen ein. Nachdem Sie die relevanten Daten bereitgestellt haben, klicken Sie einfach auf das Kontrollkästchen und geben Sie Ihre Zustimmung zu den Nutzungsbedingungen und Datenschutzbestimmungen von Google. Google sendet Ihnen einen Bestätigungscode per SMS oder Telefonanruf. Das ist es, jetzt ist Ihr persönliches Google-Konto vollständig funktionsfähig.

Einen YouTube Business Account erstellen

Zu diesem Zweck müssen Sie http://www.youtube.com besuchen. Sobald Sie in Ihrem Google-Konto angemeldet sind, werden alle anderen Desktop-Apps von Google automatisch angemeldet. Klicken Sie nach dem Öffnen der Startseite von YouTube auf "Mein Kanal" in der linken Menüleiste.
Wenn Sie einen Kanal für Ihre Marke erstellen, klicken Sie einfach auf "Einen geschäftlichen oder anderen Namen verwenden". Drücken Sie „erstellen", nachdem Sie Ihren Businessnamen eingegeben haben. Wenn Sie Ihren Markennamen überarbeiten möchten, können Sie die gewünschten Änderungen einfach über die Kontoeinstellungen vornehmen.

Außerdem können Sie Ihr Business-Konto anpassen, indem Sie auf die Schaltfläche "Layout bearbeiten" klicken. Auf diese Weise können Sie eine Kanalgrafik und ein Symbol hinzufügen. Eine

Kanalgrafik (Chanel Art) ist ein Bild, das wie ein Banner über deinem Kanal angezeigt wird. Das Kanalsymbol auf der anderen wird auf dem Kanalbild als Logo angezeigt. Außerdem wird das Kanalsymbol zusammen mit deinen Videos auf YouTube angezeigt. Achte beim Erstellen eines Kanalsymbols und einer Kanalgrafik darauf, dass die Zuschauer nach dem Besuch deines Kanals sofort diese beiden Dinge sehen. Was die Hintergrundfarbe einer Kanalgrafik betrifft, sollte sie attraktiv und hell sein. Dies ist der Grund, warum die meisten YouTuber auf reines Rot setzen. Wenn du nicht erfahren genug bist, um eine perfekte Kanalgrafik oder ein Logo zu erstellen, wäre es besser, einen Freelancer auf Fiverr[2] oder Upwork zu engagieren.

Sie können ein Kanalsymbol hinzufügen, indem Sie auf das rote Profilbild klicken und das gewünschte Bild hochladen. In ähnlicher Weise fügen Sie Channel-Art hinzu, indem Sie auf die blaue Schaltfläche "Channel-Art hinzufügen" klicken. Abgesehen davon sollten Sie auch eine Kanalbeschreibung und Links zu Ihrer Website, E-Mail-Adresse und anderen Social-Media-Plattformen hinzufügen.

---

[2] http://track.fiverr.com/visit/?bta=24234&nci=5637

Dies wird den Abschluss Ihres Basisprofils bilden. Der nächste Schritt besteht darin, Ihren YouTube-Kanal sowohl für die Abonnenten als auch für die nicht abonnierten Nutzer anzupassen. Sie können auch einen **Kanaltrailer** erstellen, bei dem es sich um ein Vide handelt, welches Ihren Kanal den neuen Zuschauern vorstellt. Der Trailer sollte prägnant und ansprechend sein. Mit anderen Worten, es sollte sich darauf konzentrieren, worum es in dem Kanal geht und was ein Besucher erwarten kann. Machen Sie es zu Ihrem bis jetzt besten Video!

Ansprechende Videos für Ihren Kanal erstellen

Nachdem Sie Ihren Kanal eingerichtet haben, sollten sich alle Ihre Anstrengungen darauf konzentrieren, ihn mit interessanten und relevanten Inhalten zu füllen. Dieser spezielle Teil unserer Diskussion ist von großer Bedeutung, da wir hier einige Ideen für die Erstellung inspirierender Videos für Ihren Kanal sammeln.

Bevor Sie Videos erstellen, müssen Sie einige Entscheidungen in Bezug auf das Grundthema Ihrer Videos treffen. Zu diesem Zweck müssen Sie Ihr Ziel aufschreiben, welches Sie über diese Plattform erreichen möchten. Betreffend der Art von Videos, die Sie für Ihren Kanal erstellen können, werden Ihnen die folgenden Vorschläge sicherlich einen schönen und reibungslosen Start ermöglichen.

Fallstudien oder Projektbewertungen –

Da Fallstudien oder Projektbewertungen Ergebnisse und Statistiken enthalten, können diese Arten von Videos hilfreich sein, um Ihr Produkt zu bewerben.

Lernvideos –

Solche Videos sind ideal, um die richtige Verwendung und die Vorteile eines bestimmten Produkts zu erklären.

Kundenempfehlungen –

Die kurzen Interviews mit zufriedenen Kunden können helfen, den Glaubwürdigkeitsfaktor eines Produkts zu erhöhen.

Event Videos –

Diese Videos zeigen die Erfahrungen einer Person, die an einer Messe oder Konferenz teilnimmt.

YouTube Live Events-

Mit diesem Format können Sie Live-Videos an das Publikum senden. Die Teilnehmer können ihre Gedanken über das Geschehen während einer solchen Sendung sofort kommentieren und teilen. GEHEIMTIPP: Auch wenn Live-Events nicht Ihr Hauptziel sind, sollten Sie sie von Zeit zu Zeit berücksichtigen, denn Google liebt Live-Event-Videos. Es besteht eine große Chance, dass Ihr Video automatisch für die Stichworte Ihrer Wahl die Nummer eins bei Google wird.

**Jetzt sind Sie dran. Nehmen Sie ein Blatt Papier und erstellen Sie eine Tabelle mit den ersten fünf Videos, die Sie posten möchten, mit dem Fokus auf das oben gewählte Ziel.
Mein Videoschwerpunkt ist:**_____

_____

_____

_____

_____

_____

_____

Videos für SEO & Ranking optimieren

Um ein professioneller YouTube-Vermarkter zu werden, müssen Sie in erster Linie die Metadaten Ihrer Videos erstellen und optimieren. Mit einfachen Worten: Metadaten liefern Ihrer Zielgruppe alle wichtigen Informationen, einschließlich Videotitel, Kategorie, Tags, Beschreibung, Miniaturansicht und Untertiteln.

Wenn Sie die relevanten Informationen erstellen, stellen Sie sicher, dass Ihr Video von YouTube ordnungsgemäß indexiert wird. Im Folgenden finden Sie die getesteten und erwähnenswerten Tipps zur Erstellung von SEO-freundlichen Videos für Ihren Kanal.

1) Titel

Der Titel schlägt vor, was Sie in einem Video sehen werden und er sollte perfekt zu dem Video passen, das Sie veröffentlichen. Außerdem sollte der Titel auch mit dem YouTube-Algorithmus für bessere SEO-Ergebnisse übereinstimmen. Im Folgenden finden Sie einige Möglichkeiten, SEO-freundliche Titel für Ihre Videos zu erstellen.

- Sie können die Auto-Vervollständigungs-Funktion einer Suchmaschine wie Google für gewünschte Ergebnisse verwenden. In der Tat ist die vorgeschlagene Suchanfrage bei Google für Titel eine mühelose Möglichkeit, um ein gutes Ranking bei Google zu bekommen
- Bei Videoinhalten wäre es eine weise Entscheidung, direkt von der automatischen Vervollständigung von YouTube zu profitieren

2) Beschreibung

Beschreibung spielt eine wichtige Rolle beim Ranking des Videos und die ersten 2-3 Zeilen sind von großer Wichtigkeit. Die Beschreibung sollte kurz und prägnant sein und das Thema Ihres Videos klar erläutern. Sie können leicht ein besseres Ranking für Ihr Video erreichen, wenn das gesuchte Keyword mit den ersten beiden Zeilen einer Beschreibung übereinstimmt. Achten Sie also darauf, diese Tatsache beim Verfassen der Beschreibung zu beachten.

3) Kategorie

Sie können die Kategorie Ihres Videos über "Erweiterte Einstellungen" auswählen. Dadurch können Sie alle Ihre Videos auf einer einzigen Plattform gruppieren und sie besser sichtbar machen, wenn jemand nach einem verwandten Thema in dieser Kategorie sucht. YouTube bietet die Möglichkeit, Ihre Videos in einer der folgenden Kategorien zu platzieren.

- Film und Animation
- Unterhaltung
- Autos und Fahrzeuge
- Haustiere und Tiere
- Wissenschaft und Technologie
- Sport
- Reisen und Veranstaltungen
- Bildung
- Nonprofit & Aktivismus
- Spielen
- Nachrichten und Politik
- Leute & Blogs
- Musik
- Komödie
- How to

4) Thumbnail

Das Thumbnail eines bestimmten Videos ist das einzige Bild, das dem Publikum beim Durchblättern verschiedener Videobilder auffällt. Dies kann sich erheblich auf die Anzahl der Aufrufe Ihres Videos auswirken. Die automatisch generierten Thumbnail-Optionen von YouTube sind praktisch, aber es wird dringend empfohlen, ein benutzerdefiniertes Thumbnail für bessere Ergebnisse hochzuladen. Während der Dreharbeiten sollten Sie daran denken, qualitativ hochwertige Aufnahmen für ein perfektes Vorschaubild Ihres bevorstehenden Videos zu machen.

5) Closed Caption (CC)

Die Untertitelfunktion von YouTube ist großartig, da sie den relevanten Text vom Video zeigt. So können sich die Zuschauer eine Vorstellung von der Erzählung Ihres Videos machen. Der neueste Algorithmus von YouTube kann Ihre Stimme automatisch in ein Transkript umwandeln.
Darüber hinaus ist die Untertitelseite eine weitere Möglichkeit, Ihr Video in die

Suchmaschine einzubinden, da ausgewählte Keywords vorhanden sind. Sie können dieses Transkript auch in Ihrer Videobeschreibung verwenden, da es Ihr Video in einen SEO-freundlichen Inhalt verwandelt.

YouTube ermöglicht das Hinzufügen von Beschriftungen oder Untertiteln durch Hochladen einer unterstützten, zeitgesteuerten Untertiteldatei bzw. Textübersetzung. Außerdem wäre es angemessen, die vollständige Transkription deines Videos bereitzustellen und die Untertitel automatisch von YouTube zeitgesteuert zu erhalten.

6) „Tags" für ein Video setzen

Tagging ist eine sehr effektive Methode, um ein höheres Ranking in der YouTube-Suche zu erzielen. Folgen Sie diesen Tipps, um Ihr Video richtig zu kennzeichnen:

- Listen Sie zunächst bestimmte Tags auf, indem Sie Ihr Haupt-Stichwort schreiben und anschließend Ihre allgemeinen Tags auflisten (Tubebuddy[3] ist ein praktisches Tool zum Auffinden der richtigen Tags).

---

[3] https://www.tubebuddy.com/betterrankings

- Benutzen Sie die üblichen Tippfehler von Tags. Wenn Sie beispielsweise "Cool Gadgets" verwenden, sollten Sie auch "Cool Gajets" aufschreiben. Um zu erfahren, wie Nutzer normalerweise nach verwandten Videos suchen, besuchen Sie einfach YouTube Analytics[4]. Es wird im nächsten Kapitel genauer erklärt.

- Setzen Sie Singular- und Plural-Tags wie "Beauty Art" und "Beauty Arts". Sie sollten das Stichwort wie "Beauty" & "Art" auch trennen.

- Die Verwendung eines Satzes und langen Stichworts ist auch eine gute Strategie

7) Schlussbildschirm und Karten

YouTube hat die Verwendung von Anmerkungen ab Mai 2017 verboten. Stattdessen werden die Nutzer dazu aufgefordert, in ihren Videos Endbildschirme und Karten hinzuzufügen, um Besucher auf andere Videos auf ihrem Kanal umzuleiten.

---

[4] http://www.youtube.com/analytics

Darüber hinaus dienen Karten und Endbildschirme als aktive Links, so dass Zuschauer Ihren Blog oder Ihre Website mit nur einem Klick besuchen können. In der Tat sind Endbildschirme und Karten recht einfach zu handhaben, und Sie können sie im Vergleich zu Anmerkungen problemlos hinzufügen.

Karten sind die rechteckigen und kleinen Benachrichtigungen, die in der oberen rechten Ecke von Mobil- und Desktopbildschirmen erscheinen. Mit YouTube können Sie bis zu fünf Karten pro Video hinzufügen. Wenn Sie mehrere Karten verwenden, sollten Sie diese außerdem gleichmäßig platzieren, damit die Zuschauer leichter entscheiden können, was sie noch sehen möchten.

Sie können ganz einfach eine Karte hinzufügen, indem Sie den Video-Manager auf der linken Seite Ihrer YouTube-Kanalseite öffnen. Klicken Sie dann auf den Pfeil zum Bearbeiten des Dropdown-Menüs und wählen Sie "Karten". Jetzt können Sie eine Playlist-, Video-, Umfrage- , Kanal- oder Link-Karte erstellen, indem Sie einfach auf "Karte hinzufügen" klicken.

8) Stichwort Suche

Das Finden geeigneter Keywords ist der schwierigste und wichtigste Teil des SEO. In der Tat können Sie nicht alle möglichen Stichworte für Ihr Video sortieren. Daher könnten Sie Unterstützung von zwei erstaunlichen Tools von Google, bekannt als Display-Planer[5] und Keyword-Planer[6], annehmen. Professionelle YouTuber empfehlen in der Regel den Display-Planer, da dieser nicht nur eine große Anzahl an Stichwörtern bereitstellt, sondern auch einen Einblick in ein gesuchtes Keyword bietet.

9) Playlists

Playlists können als ideales Werkzeug dienen, wenn Sie Videos zu einem bestimmten Thema machen. Sie helfen Ihnen dabei, eine Kombination ähnlicher Videos aus Ihrem eigenen oder einem anderen Kanal zu erstellen. Wiedergabelisten geben Ihrem Kanal einen organisierten Look und überzeugen Zuschauer, ähnliche Videos auf Ihrem Kanal zu sehen.

---

[5] https://adwords.google.com/home/tools/keyword-planner/
[6] https://adwords.google.com/home/tools/keyword-planner/

Grundlegende Funktionen von YouTube Analytics kennen

In die Tiefen von YouTube Analytics zu gelangen, kann sich zunächst als schwierig erweisen. Die Interpretation der Komplikationen von Zahlen und seltsamen Graphen scheinen ziemlich schwierig zu sein. Im Laufe der Zeit ist es jedoch viel einfacher für Sie, YouTube Analytics zu verstehen. Um also alle wichtigen Funktionen von YouTube Analytics zu nutzen, lesen Sie bitte den folgenden Abschnitt sorgfältig durch.

Skizzieren Sie Ihr Ziel

In Wirklichkeit gibt es keine Möglichkeit für Sie, Ihren Erfolg zu messen, wenn Sie Ihr Ziel nicht bestimmt haben. Es ist Ihr Ziel, das Ihre Strategie von Anfang bis Ende leitet. Konzentrieren Sie sich einfach auf Ihr Ziel, während Sie Videos erstellen und veröffentlichen. Videos sind die perfekte Quelle, um Ihre Marke zu präsentieren und zu vermarkten, da Videos die Glaubwürdigkeit erhöhen, indem sie Informationsinhalte bereitstellen und Leads generieren.

Schlüsselmetriken

In der YouTube-Analyse wird deutlich erwähnt, wie Nutzer Ihren Kanal gefunden haben und wie viel Zeit sie damit verbracht haben, Ihre Videos anzusehen. Um die Statistiken zu erfahren, besuchen Sie http://www.youtube.com/analytics und sehen Sie sich die Analyseübersicht an, auf welcher die Leistung Ihrer Videos in den letzten 28 Tagen angezeigt wird. Sie können Demografien, Interaktionsmetriken, Leistungsmetriken, beliebte Inhalte und Zugriffsquellen anzeigen und analysieren. Mit YouTube können Sie diese Ergebnisse nach Geografie oder Standort, Gerätetyp, Videoinhalt, Wiedergabelisten, Wiedergabetyp, Abonnentenstatus, Übersetzungen oder Traffic filtern.

Ansichtsdauer

Die Wiedergabezeit zeigt die Gesamtanzahl der Minuten an, die die Zuschauer beim Ansehen Ihrer Videos verbracht haben. Auf diese Weise können Sie analysieren, welche Art von Inhalt von den Zuschauern mehr Aufmerksamkeit erhält. Die Wiedergabezeit ist der entscheidende Faktor, den YouTube bei der

Einstufung eines bestimmten Videos berücksichtigt. Diese Tatsache hängt eng mit der Zuschauerbindung zusammen, da ein höherer Prozentsatz darauf hindeutet, dass das Publikum Ihre Videos bis zum Ende ansieht.

Traffic Quellen

Die Zugriffsquellen geben Ihnen einen Einblick, wie die Zuschauer Ihre Videos oder Ihren YouTube-Kanal finden. So können Sie herausfinden, welche Quelle eine wichtige Rolle dabei spielt, die Zielgruppe auf Ihren Kanal umzuleiten. Sie können ausführliche Traffic-Analysen erhalten, indem Sie auf die Kategorie "Traffic Übersicht" klicken. Evtl. finden Sie dann heraus, dass 90% Ihrer Zuschauer über Pinterest oder eine Facebook Werbung bei Ihnen landen. Wenn Sie diese Daten verwenden, können Sie die Marketingstrategie für Ihren YouTube-Kanal verfeinern.

Demographie

Sie können Ihre Zuschauer besser verstehen, wenn Sie ihr Alter und Geschlecht durch demografische Berichte kennen. Darüber hinaus können Sie diese Altersgruppen und

Geschlechter auch nach Geografie aufteilen. Demografische Berichte können Sie bei der Vermarktung Ihres Produkts für die relevante Zielgruppe unterstützen und maximale Leads generieren.

Einfache Möglichkeiten zur Vermarktung Ihres YouTube-Kanals

Sobald Sie ein gutes Video erstellt und für ein höheres Ranking optimiert haben, ist es an der Zeit, Ihre Videos zu vermarkten. Die beste und zuverlässigste Methode für diesen Zweck ist es, einige Worte über Ihren Kanal auf anderen Plattformen zu teilen. Im Folgenden finden Sie einige Tipps, wie Sie Ihren YouTube-Kanal über andere Ressourcen bewerben können.

Webseiten und Blogs

Beide Plattformen sind ideale Optionen für die Vermarktung Ihres YouTube-Kanals. Sie müssen Ihrem eigenen Blog und Ihrer eigenen Website einfach ein YouTube-Symbol hinzufügen. So können Ihre Zuschauer Ihren Kanal problemlos besuchen. Danach betten Sie Ihre Videos einfach in Blogposts oder auf der Webseite ein. Wenn Sie dieser Strategie folgen, können Sie Ihren YouTube-Kanal vermarkten und gleichzeitig den organischen Traffic Ihrer Website erhöhen. Es ist eine Tatsache, dass das Publikum es vorzieht, Inhalte über Videos zu erhalten, anstatt fünf Minuten damit zu verbringen, einen Text zu lesen.

Social Media

Das Teilen Ihrer YouTube-Videos auf verschiedenen Social-Media-Plattformen ist eine perfekte Methode, um mehr Zuschauer zu gewinnen. Es genügt jedoch nicht, nur das Video zu teilen, da Sie eine bestimmte Marketingstrategie verfolgen müssen, um optimale Ergebnisse zu erzielen. Versuchen Sie, die Nutzer zu motivieren und ihre Aufmerksamkeit darauf zu lenken, damit sie Ihre Videos mit einem bestimmten Ziel in ihren Köpfen sehen können.

Email

Eine Liste mit authentischen E-Mails ist der wichtigste Teil einer Marketingkampagne. Dadurch haben Sie die Möglichkeit, den Inhalt

Ihres Kanals mit einer beträchtlichen Anzahl potenzieller Kunden und Leads zu teilen. Ihr E-Mail-Inhalt sollte so ermutigend sein, dass Ihre Kontakte den YouTube-Kanal besuchen und Ihr Video ansehen können.

Das Publikum einbeziehen

Stellen Sie sicher, dass Sie regelmäßig mit Ihren Zuschauerinnen und Zuschauern kommunizieren. Vergessen Sie zu diesem Zweck nicht, auf die Fragen und Kommentare der Zuschauer zu antworten. Geben Sie ihnen Feedback zu allem, was sie wissen wollen, und zeigen Sie Beharrlichkeit, während Sie ihre Fragen beantworten.

6 Effektive Möglichkeiten, YouTube-Abonnenten zu erhöhen

Die tatsächliche Anzahl der Abonnenten, die Ihr Kanal besitzt, ist das wahre Anzeichen, wie erfolgreich Ihr Kanal ist und welche Arten von Marketingzielen Sie mit dieser Plattform erreichen können. Daher sollten Sie eine ausreichende Menge an Wissen in Bezug auf die Erhöhung Ihrer Abonnenten haben. Im Folgenden sind sechs Tipps aufgeführt, die definitiv eine positive Auswirkung auf jede YouTube-Marketingstrategie haben werden, indem die Anzahl der Abonnenten beträchtlich erhöht wird.

1) Bringen Sie konsistent neue Inhalte

Das erste, was Sie bei einer Marketingkampagne über YouTube niemals vergessen sollten, ist die konsistente Erstellung von Qualitätsinhalten. Die ideale Vorgehensweise in dieser Hinsicht ist es, dem 1 × 4-Inhaltsplan zu folgen. Also sollten Sie mindestens vier Videos in einem Monat hochladen (eins in jeder Woche).
Die Häufigkeit, mit der Sie neue Videos hochladen, ist von großem Wert, da Sie

bestehende Abonnenten behalten und neue gewinnen können. Was die Zuschauer erwarten, sind ansprechende Inhalte und sie warten gespannt auf neue Videos. Mit jedem Video, das auf Ihrem Kanal hochgeladen wird, werden sich die Chancen, Ihren Kanal einem größeren Publikum zugänglich zu machen, verstärken.

2) Verwenden Sie Playlists, um Suchende in Abonnenten zu verwandeln

Eine Playlist kann als Fischernetz dienen, um Gelegenheitszuschauer zu gewinnen und sie zu wertvollen Abonnenten zu machen. Es wäre jedoch angemessener, eine Sammlung Ihrer besten Inhalte für neue Besucher zu erstellen, anstatt verschiedene Wiedergabelisten zu erstellen. Der beste Weg, dies zu tun, besteht darin, Ihre Besucher in Gruppen einzuteilen. Die Unterteilung der Zuschauer ist basierend auf deren Inhaltspräferenz vorzunehmen. Also, im Grunde müssen Sie Playlisten erstellen, indem Sie folgende Präferenzen berücksichtigen:

I. **Neue Zuschauer** –
Sie sollten klar verstehen, welche Art von Inhalt ein neuer Zuschauer zuerst sehen möchte. Zu diesem Zweck

können Sie eine Playlist erstellen mit dem Titel "Wenn Sie neu auf diesem Kanal sind, schauen Sie sich zuerst diese Videos an." Auf diese Weise geben Sie eine gute Einführung in Ihren YouTube-Kanal.

II. **Aufgabenorientiertes Publikum** - Wenn Sie auf einen Bildungsinhalt Wert legen, wird eine beträchtliche Menge an Zuschauern auf die Problemlösungsfunktion von Videos warten. Solche Playlists können den Grad des Inhalt-Konsums verbessern und eine positive Veränderung bezüglich Ihres Kanals begründen. Denn es wird der ideale Ort sein, eigene Probleme in Zukunft zu lösen.

III. **Themenorientierte Besucher**- Ähnlich können Sie auch einige Playlists erstellen, die ein bestimmtes Thema umfassend abdecken. Dies wird Ihnen helfen, die Content-Liebhaber anzuziehen, die normalerweise als die profitabelsten Besucher bezeichnet werden. Diese

Art von Besucher benötigt eine gute Sammlung von Videos zu einem bestimmten Thema.

Das Erstellen einer Playlist ist ziemlich einfach, wenn Sie diese einfachen Schritte befolgen:

- Starten Sie ein Video, das Sie einer bestimmten Playlist hinzufügen möchten
- Klicken Sie unter dem Video auf "Hinzufügen"
- Klicken Sie auf "Neue Playlist erstellen"
- Geben Sie einen Namen für diese Wiedergabeliste ein

Hinweis: Klicken Sie auf das Dropdown-Feld und wählen Sie die Datenschutzeinstellungen für Ihre Playlist aus. Es ist wichtig, dass Ihre Playlist öffentlich ist, denn wenn sie privat wäre, würde sie das Publikum nicht finden.

3) Hinterlasse Produkt Rezensionen auf Amazon

Wenn sich Ihr Kanal auf eine Produktkategorie konzentriert, wäre es eine gute Strategie, Rezensionen zu solchen Produkten bei Amazon zu hinterlassen. Sie könnten am Ende von jeder Rezension Ihren YouTube-Kanal erwähnen. Wenn Sie beispielsweise einen Kochkanal auf YouTube betreiben, sollten Sie einige der berühmtesten Kochbücher lesen und Zuschauer dazu bringen, Ihren Kanal zu besuchen, da Sie einige der Rezepte ausprobiert haben und die Videos auf Ihrem YouTube-Kanal verfügbar sind.

4) Facebook Gruppen

Sie können Ihren YouTube-Kanal auch in Facebook-Gruppen bewerben. Ihre Aufgabe ist es, nach den Gruppen zu suchen, die relevante Themen enthalten, welche zu Ihren Videos passen. Das Finden einer relevanten Facebook-Gruppe ist einfach, da Sie nach Ihren Stichwörtern suchen können, indem Sie den "Gruppen" -Filter über die Facebook-Suchleiste verwenden. Sie können auch die Suchfunktion von Facebook verwenden, um verschiedene Gruppen zu durchsuchen und sie nach Ihren Wünschen sortieren.

Versuchen Sie 10 bis 20 Facebook-Gruppen zu finden, die relevant sind, um den maximalen Nutzen aus dieser Strategie zu ziehen. Dann schreiben Sie interessante Kommentare und erwähnen Ihre Videos darin. Verlinken Sie zum besten Video, welches Sie zu diesem Thema gemacht haben.

5) Benutze Untergruppen auf Reddit, um deine Videos zu bewerben

Subreddits sind Untergruppen von Reddit[7], die sich basierend auf einem bestimmten Thema in eine Community organisieren. Suchen Sie also nach 10 bis 20 relevanten Subreddits und erwähnen Sie YouTube-Kanal mit einigen Worten.

Die Verwendung dieses Ansatzes kann sich als schwierig erweisen, wenn der von Ihnen unterstützte Inhalt irrelevant ist. Redditors werden Sie aus dem Subreddit werfen und sich über Sie lustig machen. Sie können Reddit nur für Ihre YouTube-Marketingstrategie verwenden, wenn Ihr Produkt neuartig und benutzerfreundlich ist.

---

[7] https://www.reddit.com/

6) Benutze Pinterest, um deinen Radius zu erweitern

Diese Tatsache ist den meisten von uns unbekannt, dass Pinterest auch als visuelle Suchmaschine funktioniert. Pinterest ist eine ideale Ergänzung für Ihre YouTube-Marketingstrategie. Nichtsdestotrotz deutet dies nicht darauf hin, dass Pinterest für jedes Geschäft perfekt ist. Daher sollten Sie einige Hausaufgaben machen, um zu beurteilen, ob Ihre Kunden auf Pinterest verfügbar sind. Sie können einige Ihrer besten Videos in Pinterest-freundliche Bilder umwandeln. Wenn Sie beispielsweise einen YouTube-Kochkanal verwenden, können Sie ein Pinterest-Bild erstellen, das schnelle Backtipps bietet. Vergessen Sie nicht, den Link zum jeweiligen YouTube-Video einzufügen, damit Besucher das gesamte Video auf Ihrem Kanal ansehen können.

2. Teil – Pinterest Marketing

Falls Sie sich für YouTube Marketing entschieden haben, steht ihr professioneller YouTube Kanal nun hoffentlich und die ersten, qualitativ hochwertigen Videos sind hochgeladen und einige Playlists organisiert. Wie gesagt, kann Pinterest auch als Nebenstrategie von YouTube-Marketing verwendet werden und deshalb wird Pinterest nun genauer unter die Lupe genommen. Allerdings entpuppte sich Pinterest für uns als so großartiges Marketinginstrument, dass wir es im Moment als Hauptwerbekanal empfehlen würden.

Pinterest Marketing – Ihre organische Quelle für mehr Kunden und Abonnenten

Obwohl wir uns früher auf YouTube-Marketing spezialisiert haben, war Pinterest 2017 unser großer Durchbruch. Es ist so visuell wie Instagram, aber es gibt noch viel mehr Möglichkeiten, Leute von Pinterest auf einen Blog oder Kanal zu bringen. Pinterest fördert dies sogar und ist daher im Moment das nützlichste Tool, um mehr organischen Traffic zu erzielen. Das Gute an Pinterest ist, dass es viel weniger digitales Wissen erfordert, als wenn man Video-Marketing-Spezialist werden möchte. Sie brauchen einfach ein Auge für schöne Bilder in Kombination mit einem passenden Text. Der Betrachter klickt auf Ihren Pin und folgt entweder zu Ihrem Ziel oder er teilt den Pin mit seinen eigenen Anhängern (noch besser für uns!).

Möchten Sie wissen, wie Sie mehr Follower für Ihr Pinterest-Profil und die besten Strategien für organischen Traffic von Pinterest erhalten? Dann lesen Sie weiter.

Für wen eignet sich Pinterest?

Gegen das, was Sie vielleicht geglaubt haben, geht es bei Pinterest nicht nur um DIY-Tutorials und Hochzeitskleid-Bilder. Pinterest wird vor allem von Frauen genutzt, was Sie bei der Gestaltung der Pins beachten sollten, aber am Ende ist Pinterest eine Plattform, die alle Themen vereint. Sie können durch Pinterest erfolgreich sein, ob Ihre Nische von Reisen, Kleidung oder einem geldbezogenen Thema handelt. Sie können Pins zu absolut ALLEN

Themen finden, was uns zu einem wichtigen Punkt führt:

Pinterest ist keine Social-Media-Website, sondern eine Suchmaschine für Bilder

Dies ist eine sehr wichtige Beobachtung, wenn Sie Pinterest für Ihr Unternehmen verwenden möchten. Als Pinterest-Kunde gehen Sie auf Pinterest und suchen nach Pinspiration, sagen wir mal "gesunde Smoothies". Der Benutzer wird schöne Bilder mit leckeren Getränken sehen. Vielleicht wird die Nutzerin ein Pin zu ihrem eigenen Brett hinzufügen, weil sie ein Rezept für später speichern will oder sie wird den Mixer finden, den sie schon lange gesucht hat und ihn kaufen. Sie könnte auch von anderen Pins abgelenkt werden und auf eine Reise durch die Pinterest-Welt gehen, die sie von Smoothies zu tropischen Paradiesen zu trendigen Sonnenbrillen führt, und hoppla, dreißig Minuten sind weg. Kennen wir das nicht alle?

Für uns auf der geschäftlichen Seite ist es wichtig, dass wir nicht von allen anderen Pins auf Pinterest abgelenkt werden. Da es, wie oben erwähnt, eher eine Suchmaschine für Bilder ist, müssen wir Pinterest wie Werbung auf Google behandeln. SEO wird einen Unterschied darin machen, wie gut Ihre Pins gefunden werden. Die gute Nachricht ist: Ihr Kunde sucht aktiv nach Pins aus Ihrem Geschäft - Sie müssen es nur einfach machen, die Pins zu finden.

Wie viel Zeit braucht man für Marketing auf Pinterest?

Ein anderes Gerücht, das ich gehört habe, ist, dass es viel Zeit braucht, um Pinterest als Marketinginstrument zu nutzen. Woher kam dieser Mythos? Das großartige an Pinterest ist, dass das Leben eines Pins so lange dauert, wie jemand danach sucht. Also, verglichen mit einem Tweet, den Sie senden und zwei Minuten später wird er unter allen anderen Tweets verschwunden sein, kann ein Pin noch Jahre später gefunden werden, besonders wenn es um ein saisonales Thema wie Weihnachten oder Valentinstag geht. Also, die Arbeit, die Sie in einen Pin stecken, wird ein viel größeres Ergebnis haben. Außerdem dauert es weniger

Zeit, ein beeindruckendes Bild zu erstellen als ein großartiges YouTube-Video.
In den nächsten Kapiteln erfahren Sie, wie Sie in kürzester Zeit gute Pins erstellen.

Bereiten Sie Ihr Pinterest Profil vor (sodass es businesstauglich ist)

Erstens, wenn Sie Pinterest professionell nutzen möchten, benötigen Sie ein Geschäftskonto. Wenn Sie also Pinterest bereits verwenden, aber nur mit einem privaten Konto, können Sie ganz einfach zu einem Geschäftskonto wechseln (kostenlos). Geschäftskonten verfügen über zusätzliche Funktionen wie Pinterest Analytics. Außerdem benötigen Sie ein Geschäftskonto, um Werbeanzeigen auf Pinterest zu erstellen. Daher sind Geschäftskonten besser für das Marketing geeignet.

Zweitens muss Ihr Profil den Zuschauern auf einen Blick sagen, worum es in Ihrem Unternehmen geht. Verwenden Sie also Ihr Firmenlogo als Ihr Profilbild, oder wenn das Geschäft über Sie geschieht, sollten Sie ein lustiges und / oder sympathisch aussehendes Bild von sich selbst hinzufügen. Wenn Sie ein

Typ sind, denken Sie daran, dass hauptsächlich Frauen auf Pinterest surfen und daher, wenn Sie nicht der Filmstar oder Topmodelltyp sind, besser Ihr Logo als Profilbild verwenden. Stellen Sie sicher, dass das Feld "Über Sie" erklärt, was an Ihrem Unternehmen einzigartig ist, und achten Sie darauf, am Ende einen Link zu Ihrer Webseite/YouTube Kanal zu setzen.

Drittens sind Ihre Boards ein großer Teil Ihres Profils. Lassen Sie diese daher voll und überzeugend aussehen, aber immer so, dass das Design zu Ihrer Marke passt.

Wie Sie Ihren idealen Kunden anziehen

Nachdem Sie ein informatives Geschäftsprofil erstellt haben, besteht der nächste Schritt darin, den gewünschten Kunden zu gewinnen. Es gibt so viele verschiedene Nutzer auf Pinterest und alle haben ihre eigenen Themen, die sie interessieren. Wenn sich also jemand vor allem für «Urbane Gärten» interessiert, wird Pinterest dieses Thema in den Feed dieser Person stecken. Woher weiß Pinterest das? Weil sie das Verhalten ihrer Mitglieder studieren und Daten der Pins sammeln, die wir betrachten und neu pinnen. Pinterest möchte den Menschen zeigen, was sie sehen wollen. Also, wenn Sie etwas haben, das für jemanden von Interesse sein wird (was ich davon ausgehe, wenn Sie dieses Buch lesen), wird Pinterest Sie dabei unterstützen, Ihre Inhalte Ihrem gewünschten Kunden zu zeigen. Ganz im Gegensatz zu Facebook, wo Sie für alles bezahlen müssen, was Ihrem Geschäft Vorteile bringt. Woohoo, gut gemacht, Pinterest so bekommen wir mehr kostenlosen, organischen Traffic!

Das erste, was Sie also tun müssen, um es für Pinterest einfacher zu machen, welche Inhalte Sie anbieten, ist, in Kategorien gegliederte Boards zu erstellen, die Ihren idealen Kunden ansprechen.

Pinterest Boards sind wie Kategorien auf Blogs und andere Webseiten. Der Board-Name sollte das Thema zeigen, um das sich die Pins der darauf drehen. Natürlich sollten diese Themen für Ihre Nische relevant sein. Zum Beispiel möchten Sie Leute auf Ihren Blog oder YouTube-Kanal bringen, wo Sie z.B. über

Outdoor-Ausrüstung sprechen, die Sie am Ende verkaufen möchten. Auf Ihren Boards sollte also alles gezeigt werden, was sich um Outdoor-Aktivitäten dreht. Sie könnten Bretter mit dem Namen "beste Wanderungen der Welt", "schönste Campingplätze und nützliche Campingausrüstung", "tolle Orte, die du sehen kannst, wenn du die richtige Regenjacke hast" etc. kreieren.

Es wird nichts nützen, wenn Sie ein Board über kohlenhydratarme Lebensmittel kreieren, nur weil es momentan ein Trendthema ist. Konzentrieren Sie sich lieber auf geradlinige Boards rund um Ihr Thema (z.B. "Kletterausrüstung"). Schließlich brauchen Sie nur Leute, die tatsächlich daran interessiert sind, bei Ihnen zu kaufen.

Eine gute Idee für einen guten Start auf Pinterest ist es, Ihr Profil so aussehen zu lassen, als sei viel los darauf, damit sich die Nutzer in den tollen Inhalten verlieren können. Damit es so aussieht, benötigt man von Anfang an mindestens 10 Boards mit jeweils 10 Pins. Klingt nach viel Arbeit und vielleicht dauert es eine Weile, wenn Sie keinen Designer haben, aber wie schon erwähnt, sobald die Boards und Pins erstellt sind, werden sie Ihnen lange dienen.

So sollten Sie es angehen:

1. Falls Sie bereits einige Boards auf Ihrem Konto haben, die nichts mit Ihrem Geschäft zu tun haben; Lösche Sie sie! Oder machen Sie diese zumindest zu einem geheimen Brett. Aber wenn Sie die Boards sichtbar lassen, werden Sie die Zuschauer und Pinterest nur verwirren und das wird Ihnen überhaupt nicht helfen.

2. Schreiben Sie 10 bis 20 Kategorien auf, die für Ihr Geschäft relevant sind

3. Beginnen Sie mit der Erstellung der Boards. Das Wichtigste ist, dass Sie wertvolle Stichworte in den Titel und in die Beschreibung einfügen. Wie finden Sie die Keywords heraus? Ganz einfach, geben Sie zum Beispiel den Buchstaben "k" in Google, Amazon, Pinterest oder eine andere Suchmaschine ein, die für Ihr Unternehmen wichtig sein könnte, da Sie annehmen, dass «klettern» oft

gesucht wird. Sehen Sie, ob die Auto-Vervollständigungs-Funktion etwas zu Ihrem Thema anzeigt. Wenn nicht, fügen Sie den folgenden Buchstaben und danach den nächsten Buchstaben hinzu, bis Sie das Stichwort erhalten, nach dem die meisten Benutzer suchen, wenn sie nach «klettern» suchen. Bei Google taucht zum Beispiel zuerst Kletterzentrum und Klettersteig auf.

4. Beginnen Sie mit dem veröffentlichen von Pins auf diesen Boards. Alle Pins, die Sie selbst erstellen, können Sie mit einem beliebigen Ort außerhalb von Pinterest verknüpfen, den der Betrachter erreichen soll. Um Ihre unteren Boards schneller zu füllen können Sie jedoch am Anfang auch einige Pins von anderen Leuten re-pinnen. Dies sollte jedoch auf den Boards geschehen, die am unteren Rand Ihrer Seite erscheinen und niemals auf den obersten Boards. Schließlich möchten Sie, dass die Personen auf Ihre Links klicken und nicht anderen helfen, mehr Kunden zu bekommen.

Wie man ganz einfach einen viralen Pin erstellt

Es sind fünf Schritte zu einem guten Pin:
Etwas, das Sie vielleicht schon wissen, aber was wirklich die wichtigste Regel ist und deswegen hier nochmals wiederholt wird:

> **1. Lange und vertikale Pins werden mehr gesehen als viereckige oder horizontale Bilder.**

Diese Bilder fallen auf und sind leichter zu erkennen, wenn jemand durch die Vielzahl von Pins scrollt. Ich ziele normalerweise auf 1000 x 1500 Pixel.

> **2. Sie brauchen einen kurzen und ansprechenden Titel**

Dies ist vor allem wichtig, wenn Sie einen langen Blogbeitrag oder ein Video in ein Bild umwandeln. Das Bild muss für sich selbst sprechen und wertvolle Inhalte für Ihre Kunden zeigen. Der Titel wiederum soll das Ganze SEO-technisch unterstützen. Natürlich muss Ihr Bild nicht unbedingt ein Foto mit Text sein, sondern könnte auch eine Infografik sein.

Signifikant für das gesamte Paket ist, dass:

3. Man muss auf den ersten Blick erkennen, wovon der Inhalt, zu welchem der Pin führt, handelt.

Wenn Ihr Pin einen schönen Wasserfall zeigt, sollte der Link also nicht zu einem Blog mit Tipps und Tricks zum Stricken führen.

4. Geben Sie Ihren Pins einen Wiedererkennungswert

Wie sollen Ihre Kunden wissen, dass ein Pin für Outdoor-Ausrüstung von Ihnen kommt, dem Blog, dem sie vertrauen und nicht irgendjemand anderem? Sie müssen den Pins ein Merkmal geben, das sich wiederholt. Dies kann die gleiche Schriftart oder Farben oder sogar Ihr Logo oder Webseiten-Link sein. Das ist ein Geheimtipp, an den Sie sich in jedem Fall erinnern sollten: Setzen Sie den Link zu Ihrem Blog usw. immer auf den Pin.

Bis jetzt war es nicht so schwer, oder? Aber ein großer Schritt fehlt, um einen viralen Pin zu

erstellen, und daher erhält Schritt Nummer fünf
ein eigenes Kapitel:

Wie man den Pin gestalten muss, damit er professionell aussieht

Um jemanden zu animieren, auf Ihren Pin zu
klicken, hilft Ihnen SEO nicht viel. Das Bild muss
mit einem ergreifenden Text ansprechend
wirken, so dass der Betrachter sofort weiß, dass
dies die Information ist, nach der er gesucht
hat. Daher reicht es nicht aus, ein Bild in Word
oder PowerPoint einzufügen und dann mit einer
bunten Schrift darüber zu schreiben. Das
Werkzeug, mit dem ich am Anfang anfing zu
arbeiten und welches ich immer noch benutze,
ist Canva.

Verwenden Sie Canva, um Ihre Pins zu gestalten

Canva[8] hat viele Eigenschaften, die man gratis
verwenden kann und die ausreichen, um ein
einfaches Bild in einen Rich-Pin zu verwandeln.

---

[8] https://www.canva.com/

Um einen Pin mit Canva zu gestalten, laden Sie zunächst ein Bild in Canva hoch. Dies kann eines Ihrer eigenen Fotos sein, wenn Sie professionelle Aufnahmen haben oder kostenlose oder kostenpflichtige Archivbilder (zum Beispiel von Shutterstock[9], die übrigens jetzt auch Videos haben).

Dann können Sie eine vorgefertigte Vorlage darüber ziehen und die Wörter ändern oder Ihren eigenen Pin von Grund auf neugestalten. Vergessen Sie nicht, den Link zu Ihrer Website oder Ihren Firmennamen irgendwo auf den Pin zu setzen.

Wenn Sie damit zufrieden sind, klicken Sie auf Download und das Bild wird auf Ihrem Computer gespeichert und kann auf Pinterest hochgeladen werden.

SEO für Ihre Pins

Auf Pinterest wird der Inhalt nicht wie auf Instagram gezeigt oder gesponsert wie auf Facebook, sondern ein Zuschauer gibt ein Stichwort ein, um nach Inhalten zu diesem Thema zu suchen. Im Feed sehen die Leute Pins mit Themen, für die sie zuvor Interesse zeigten.

---

[9] https://www.shutterstock.com/

Deshalb sind Keywords auf Pinterest das A und O. Um wirklich einen erfolgreichen PIN zu erstellen, müssen Sie zunächst eine gründliche Keyword-Analyse durchführen. Wie das gemacht wird, wird im *SEO YouTube Kapitel* genauer erklärt.

Wo können Sie Ihre Keywords auf Pinterest platzieren?

- In Ihrem Pinterest-Namen (den verbreiten Sie überall wo Sie einen Kommentar hinterlassen)
- In Ihren Boardnamen
- Im Pin Titel
- Im ersten Satz Ihrer Pin-Beschreibung (Sie können sogar mehrere nützliche Stichworte in eine Beschreibung und einen Titel einfügen)

So finden Sie verwandte Keywords auf Pinterest:

Das ist leicht. Geben Sie einfach Ihr Keyword in die Pinterest-Suchleiste ein. Zum Beispiel, "Fackel" wird Ihnen in der Zeile darunter auch

"Design", "Handwerk" und "Taschenlampe" geben.
Die andere Methode mit der Auto-Vervollständigungs-Funktion ist auch hier wieder nützlich.

Tipp: Erstellen Sie ein "Best of IHRE FIRMA" Board und machen Sie es zu Ihrem obersten Board. Es sollte mit Pins gefüllt werden, die gut funktionieren oder Pins von Posts oder Videos enthalten, die viele Zuschauer angeschaut hatten. Das ist das erste, was die Leute sehen werden, wenn sie auf Ihr Profil kommen und wenn viele andere Leute diesen Inhalt bereits gemocht haben, besteht eine große Chance, dass sie das auch tun werden.

Wie man "passiv" Pins plant und postet

Es gibt zwei Strategien, um Pinterest-Marketing unabhängiger zu machen. Eine ist kostenlos, aber Sie müssen die Pins immer noch selbst posten und die andere Strategie ist eine bezahlte, die Ihnen im Gegenzug mehr Freizeit gibt.

Die gratis Strategie: Erstellen Sie ein geheimes Board

Haben Sie sich gefragt, zu welchem Zweck geheime Boards dienen? Sie helfen Ihnen beim Erstellen eines Pinning-Zeitplans. Falls Sie gerade Zeit haben, aber in zwei Wochen für einen Monat im Urlaub sein werden, können Sie einfach dreißig schöne und fertige Pins erstellen, die Sie auf einem geheimen Board platzieren. Das Gute daran, geheim zu sein, ist, dass niemand sonst diese Pins sehen kann. Sobald ein Pin dann der Öffentlichkeit gezeigt werden soll, verschiebt man einfach den Pin vom geheimen Board zu einem Ihrer öffentlichen Boards oder zu einem Gruppenboard. Kinderleicht.

Für mehr Freiheit können Sie ein kostenpflichtiges Tool verwenden. Wenn Sie es ernst meinen mit Pinterest und dies als Ihre Hauptstrategie nutzen möchten, um mehr Traffic auf Ihre anderen Webseiten zu lenken und neue Kunden zu gewinnen, werden Sie höchstwahrscheinlich nicht um ein Planungstool herumkommen.

Verwenden Sie ein kostenpflichtiges Tool für mehr Freiheit

Ich habe mehrere Softwares ausprobiert, um mehr Follower zu gewinnen oder das Pinning zu erleichtern und das Tool, das definitiv heraussticht, ist Board Booster[10]. Board Booster arbeitet auch mit geheimen Boards. Es macht die Arbeit, Pins zu erstellen, nicht überflüssig, aber Pins werden mühelos für Sie gepinnt und Sie können mit Kampagnen zu Gruppenboards beitragen. Dies spart Ihnen natürlich Zeit und Sie können Ihre Pins zudem zu Zeiten planen, zu welchen Sie nicht online sind. Darüber hinaus hilft Ihnen Board Booster, die Qualität Ihrer Pins zu verbessern, da Sie sie auf defekte Links, Duplikate und mehr testen können, und es hilft Ihnen, Ihre Boards sauber zu organisieren. Ein weiteres Plus ist, dass es die beste Zeit für Sie analysiert, zu welcher Sie Pins posten sollten und welche Ihre besten Boards und Pins sind.

Rich Pins

Wenn Sie einen Blog haben, können Sie Bilder direkt von Ihrer Webseite an Ihre Pinterest-

---

[10] https://boardbooster.com/

Seite anheften, indem Sie die Pinterest Browser Extension[11] verwenden. Das nächste, was Sie wollen, sind Rich Pins anstatt nur normale. Ein reichhaltiger Pin zeigt den Titel Ihres Blogposts oder Ihres Webseiten-Eintrags und Ihr kleines Logo unter dem Pin, wodurch er professioneller erscheint.

Verwenden Sie dieses Tool, um sicherzustellen, dass Sie Rich-Pins auf Ihre Boards posten können. Dadurch wird überprüft, ob auf Ihrer Website Meta-Tags vorhanden sind. Was der Fall ist, wenn Sie Ihre Website auf WordPress ausführen. Sobald diese Browser Erweiterung aktiv ist, drücken Sie "jetzt ändern" und Ihre Pins werden innerhalb einer Stunde angereichert.

Letzter Tipp: Wie man mehr Follower und kostenlosen Traffic bekommt

Um am Anfang schnell mehr Follower zu bekommen, können Sie morgens zwanzig Leuten folgen, die in Ihrer Nische aktiv sind, zwanzig um die Mittagszeit und zwanzig am Abend. Wiederholen Sie dies jeden Tag und

---

[11] https://help.pinterest.com/en/articles/all-about-pinterest-browser-button#Web

nach einem Monat entfolgen Sie denen, die Ihnen nicht folgen. Dies ist eine zeitraubende Aufgabe, aber sobald Sie mehr als Ihre ersten 100 Follower haben, werden Sie sehen, dass es von dort aus viel schneller geht, da Ihr Profil bereits wichtig wirkt.

Was sich als sehr erfolgreich erwiesen hat und den organischen Traffic von Pinterest von allen Unternehmen, mit denen wir arbeiten, erhöht hat, ist es, in Gruppenboards aufgenommen zu werden und in der Lage zu sein, auf diesen zu posten.

Werde Teil von Gruppenboards

Finden Sie Gruppenboards, die dem Inhalt Ihres Unternehmens entsprechen, und bitten Sie den Eigentümer, sich diesem Board anschließen und beitragen zu dürfen.

Sie können Boards finden, indem Sie die kostenlose Suchmaschine PinGroupie.com[12] verwenden und Boards suchen, die für Ihre verschiedenen Keywords relevant sind. PinGroupie zeigt Ihnen, wie viele Follower jedes

---

[12] http://pingroupie.com/

Gruppenboard hat und zusammen mit den anderen Daten können Sie herausfinden, ob das Level an Engagement dieses Boards hoch oder niedrig ist. Je mehr Likes und Repins vorhanden sind, desto besser ist es, Traffic zu bekommen. Wenn ein Board viele Mitwirkende hat, wird es auch leichter für Sie sein, darin aufgenommen zu werden.

Auf Pinterest erkennt man die Gruppentafeln am kleinen Symbol in der oberen rechten Ecke. Wenn es mehrere Bilder in einem Kreis zeigt, ist es ein Gruppen-Board. Wenn es keinen Kreis gibt, ist es ein privates Board.

Wie man zu Boards eingeladen wird

Viele Boards haben Regeln, die Sie erfüllen müssen, um als Mitarbeiter akzeptiert zu werden. Die Regeln sind in der Beschreibung der Tafel oben rechts angegeben. Zum Beispiel könnte es sein, dass Sie einen Kommentar unter dem aktuellsten Post schreiben müssen, und warum Sie ein Kollaborateur sein wollen. Manchmal muss man auch das Profil des Boardbesitzers liken, dem Besitzer folgen oder dem Inhaber eine E-Mail schreiben. Wenn es keine Regeln gibt, schreibe dem Besitzer eine private Nachricht über Pinterest. Ein Beispiel für eine E-Mail oder ein PM finden Sie weiter unten.

Wenn Sie auf ein Gruppenboard klicken, sehen Sie die Mitarbeiter in der oberen rechten Ecke in kleinen Kreisen. Der erste Kreis ist der Besitzer des Boards. Sie klicken auf sein Profil und senden ihm eine private Nachricht.

Die Nachricht könnte folgendermaßen aussehen:

Hey Tommy

Ich mag dein Gruppenboard mit dem Namen "Must haves für Bergsteiger" (Link zum Board). Auf meinem Pinterest-Account verfolge ich das gleiche Thema und denke daher, dass ich wertvollen Inhalt auf dieses Gruppenboard posten könnte. Könntest du mich bitte als Mitarbeiter hinzufügen? Hier ist der Link zu meinem Profil: (Link zum Profil)

Vielen Dank.

Freundliche Grüße

Ihr Name

Dies ist eine kurze, aber direkte Botschaft, die Ihr Interesse ausdrückt und zeigt, dass Sie etwas Wertvolles beitragen können. Vielleicht können Sie sich eine noch überzeugendere Nachricht überlegen, aber halten Sie sich kurz, da der Posteingang des Boardbesitzers höchstwahrscheinlich mit Nachrichten überfüllt ist.

Sie werden wahrscheinlich von ungefähr einem Drittel der Boards, auf die Sie sich bewerben, akzeptiert werden, aber sobald Sie drin sind, fangen Sie an zu pinnen (denken Sie natürlich immer an die Regeln des Boards). Das ist schon alles. Sie werden ein substantielles Follower-Wachstum sehen, sobald Sie an den Gruppenboards teilnehmen. Die Besucher werden Ihrem Pin von Pinterest zu Ihrem Business folgen.

So, nun haben Sie die wichtigsten Strategien um ein erfolgreiches Pinterest Profil zu erstellen und virale Pins zu kreieren. Viel Spaß!

Hat Ihnen dieses Buch gefallen?

Danke, dass Sie dieses Buch gelesen haben. Hoffentlich sind Sie den Tipps gefolgt und Ihr YouTube-Kanal oder Pinterest-Profil floriert jetzt. Wenn Ihnen unser Buch gefallen hat, hinterlassen Sie bitte eine positive Bewertung auf **Amazon**. Es würde uns sehr viel bedeuten, denn das ist weit mehr als ein einfaches Like unter einem Bild oder einem Video.

Dieses Buch war ein kleiner Traum von mir. Ich bin seit einiger Zeit im Online-Marketing-Geschäft (seit 2011!) und habe viele Veränderungen durchlebt. Ich finde es immer noch sehr interessant und bin gespannt was sonst noch kommt. Doch schon seit einiger Zeit möchte ich mein Wissen mit anderen durch ein Buch teilen. Ich helfe vielen Autoren, ihr Buch zu vermarkten, und doch habe ich selbst bis jetzt keins geschrieben. Als ich Seraina (Autorin der Heart of Power Serie[13]) letztes Jahr an einem Kongress traf, beschlossen wir, gemeinsam ein Projekt zu machen. Sie würde mir helfen, mein Buch herauszubringen, und ich

---

[13] https://mybook.to/erwachendersirene

unterstütze sie bei ihren neuen Pinterest-Profilen.

Sie hat zwei Profile:
SwissMiss on Tour[14], wo sie Reisetipps veröffentlicht und *Bestsellerbuch*[15], wo sie Autoren hilft, ihr eigenes Buch zu schreiben und zu veröffentlichen.

(p) @swissmissontour
(f) S. L. Giger
(b) www.swissmissontour.com

Folgen Sie ihren Profilen, indem Sie auf die obigen Links klicken und schreiben Sie ihr eine kurze E-Mail an swissmissstories@gmail.com und sie wird Ihnen zurück folgen. Vergessen Sie nicht, den Link zu Ihrem Pinterest-Profil zu senden :)

---

[14].www.pinterest.ch/swissmissontour/?eq=swissmiss&etsl f=3332
[15] https://www.pinterest.ch/bestsellerbuch/

MUST-SEE SIGHTS IN MYANMAR

THE BEST TEMPLES OF BAGAN

swissmissontour.com

20 Tipps

...um einen Bestseller zu schreiben.

schreibenbuch.wordpress.com

Und jetzt, viel Spaß beim Pinnen oder Streamen und halten Sie Ihr Leben (p)interessant!

Freundliche Grüße,

Jeff Dondero

www.ingramcontent.com/pod-product-compliance
Lightning Source LLC
Chambersburg PA
CBHW071236220526
45468CB00002B/875

9 7 8 1 7 2 2 2 3 3 3 7 2